Nur für Dich

Dagmar Kelm

Nur für Dich

Bibliografische Information der Deutschen Nationalbibliothek:
Die Deutsche Nationalbibliothek verzeichnet diese Publikation in der Deutschen
Nationalbibliografie; detaillierte bibliografische Daten sind im Internet
über http://dnb.d-nb.de abrufbar

Herstellung und Verlag: Books on Demand GmbH, Norderstedt

ISBN: 9783839198032

DANKSAGUNG

Dank an meine Freundin Susanne Schutkowski, Autorin des Gedichtbandes "Komm Licht!", dafür, dass sie mich immer wieder aufs Neue angetrieben hat, wenn ich aufgeben wollte.

Dank für die vielen Menschen, die ich kennenlernen durfte und die mit ihrem Namen zu diesem Buch beigetragen haben.

Ich danke auch der Bild- und Literaturagentur Jo Schutkowski, Leverkusen für die gemeinsame Arbeit.

Ganz besonders möchte ich mich bei Lukas Firmhofer für seine ausdrucksstarken Bilder bedanken, die diese Texte unterstreichen.

Mir ist gegeben
ein Name
zum Segen

Ado

All' deine Not gib' dem Herrn
Diese nimmt er gern
Ohne Lasten sollst du sein

Alexander

Alles was du kannst
Lässt Gott dich gestalten
Eine Kunst
X- mal ausgerichtet
An seiner Seite stehst du
Nie lässt er dich los
Dankbar seiest du
Eines lässt er dir sagen
„Reich mir deine Hand, mein Kind"

Alexandra

Auch für dich kam er in diese Welt
Lass dich in seine Hände fallen
Er hält und trägt dich
Xylophonmusik erklingt
Alexandra, Liebes
Nur für dich
Durchdringt auch deine Not
Reich ihm deine Hand
Auf ihn kannst du bauen

Andrea

Alles was du bist und hast behalte
Nichts ausser deinen Sorgen will Gott dir nehmen
Dir die Hand geben
Reichen Segen schenken
Er ist einzigartig
Auf dich hat er gewartet

Andre

Atemlos bist du!
Neugierig?
Die Welt steht Kopf
Richtig,
Er, der Herr, will auch dich

Andreas

Augenblick mal, halte ein
Nun sollst du ruhig sein
Das Wort Gottes lass durch dich strömen
Ruhe vor ihm macht dich stark
Einsam sollst du niemals sein
Auf dich hält besonders er achtet
Segnend hebt er seine Hände über dir

Annika

Auf dich freut er sich
Nun, bist du bereit?
Nie ohne Ziel sollst du sein
In seinen Fußstapfen darfst du gehen
Komm' , glaube es
Auf dich freut sich der Herr

Anita

An dich, Herr, muss ich denken
Noch in dieser Zeit
Ist mir unfassbar
Treue, deine Treue hält stand
Auf all meinen Wegen bist du bei mir

Anja

Alleine, einsam
Niemandes Freund
Jesus sucht dich
Auch wenn du es nicht weißt

Anke

Anker ist Gott für dich
Niemand reißt dich aus seiner Hand
Kompass ist sein Wort
Ein Segel, der heilige Geist

Anne

Auf dich achtet Gott
Noch und noch
Nie lässt er dich allein
Ein Freund will er für dich sein

Annerose

Andächtig stehst du vor dem Thron des Herrn
Nun bist du bei ihm
Niemand kann dich ihm entreißen
Er segnet dich!
Rühme seine Herrlichkeit
Ohne ihn warst du traurig
Siehe, er hat dich immer gehalten
Eine liebevolle Umarmung dir gegeben

Annette

Alles will Gott dir geben
Noch wartet er
Nimm ihn doch an
Eine Hand hält er dir hin
Trau dich
Treff' ihn
Ewig will er bei dir sein

Antje

Auf seinen Spuren gehen
Nachfolge antreten
Tautropfen fallen von den Blättern
Jeden Morgen neu
Ewig steht Gott dir bei

Antonia

Alle deine Sorgen kannst du ihm geben
Nimmt dich bei der Hand
Treu steht er dir zur Seite
Ohne Gott brauchst du nicht zu sein
Nie will er dich verlassen
Auf seinem Arm trägt er dich

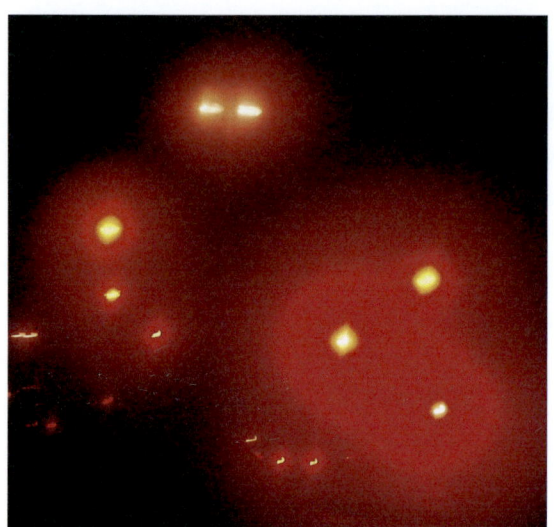

Bärbel

Behutsam hält dich der Herr
Alle Sorgen nimmt er dir ab
Ehrfürchtig sinkst du auf die Knie
Ruhe kehrt in dich ein
Betend faltest du die Hände
Er erhört dich
Lässt dich niemals los

Benedikt

Brauchst dich nicht zu fürchten
Er ist bei dir,dein Herr
Niemals lässt er dich allein
Er hält dich fest
Dies verspricht er dir
Immer wieder
Kannst du nicht mehr?
Trägt er dich!

Benjamin

Behutsam, sanft
Einem Flügelschlag gleich
Nimmt der Herr dich in seine Arme
Jauchze und freue dich
Atme auf
Mit ihm findest du neue Kraft
Immer wieder
Nimm seinen Segen an

Bernd

Bist du bereit es mit Gott zu wagen,
Einen neuen Weg zu gehen?
Regieren will er in deinem Leben
Nun, du wirst auch Stolpersteine haben
Doch sei gewiss, Gott bleibt bei dir

Bettina

Bittend stehst du vor dem Herrn
Einen Wunsch möchtest du erfüllt sehen
Tag um Tag
Trau auf ihn
In seiner Macht ist alles gegeben
Nimm ihn an
Auch du bist sein geliebtes Kind

Birgit

Betriebsamkeit umgibt dich
Immer in Aktion
Ruhe sollst du finden
Gott geht mit dir
Immer ist er da
Treueren Freund kannst du nicht finden

Barbara

Bist du ihm nah?
Auf jeden Fall
Rühme seine Herrlichkeit
Bist du bereit,
Auf seinem Weg zu gehen
Reicher Segen kommt
Auf jeden Fall!

Brigitte

Bitte, so werde ich dir geben
Reinen Wein und Brot
In meinem Haus darfst du wohnen
Garten Eden
Im neuen Bild
Traumhaft schön senkt sich das neue
Jerusalem
Tuliamen, Diamanten reich bestückt
Ewig darfst du bei mir, dem Vater, sein

Carmen

Chancenlos?
Aber nicht doch
Reich gesegnet
Mit seiner Liebe
Einsam brauchst du nicht mehr sein
Nie lässt er dich allein

Celina

Christus ist bei dir
Er hält dich in seiner Hand
Liebevoll umarmt er dich
Ist immer für dich da
Niemals verlässt er dich
Alles kannst du ihm sagen

Christa

Chance um Chance
Hat er dir gegeben
Richtungweisend ist er
Immerzu
Siehe, er streckt dir seine Hand entgegen
Treu will er dir zur Seite stehen
Amen

Christiane

Chancen hast du noch
Hilfe ist da
Rechten Weg sollst du gehen
In seinem Licht dich wärmen
Sanft, liebevoll
Trost schenkt er dir
In deiner Not komm zu ihm
Auf Adlers Flügeln trägt er dich
Nichts und niemand kann dich ihm
entreißen
Ewigen Frieden schenkt er dir

Christoph

Charisma hast du
Heil ist dir gegeben
Reichen Segen
In deinem Leben
Sei dir Freude gegeben
Trage deine Last zu Gott, dem Herrn
Offene Arme streckt er dir entgegen
Phantastisch bist du gemacht
Herrlich und einzigartig

Claudia

Christus ist für dich da
Lass' dich von seiner Liebe umhüllen
Auch für dich ist er gestorben
Und nahm alle Sünden auf sich
Den Frieden schenkt er dir
Immerdar
Allezeit

Damaris

Du denkst, es geht nicht mehr
Aber Gott hat noch einen Weg für dich
Mögest du ihn doch gehen
Auch du wirst getragen
Reichen Segen schenkt er
In seinem Namen
Sei dir alles gegeben

Daniel

Du bist wertvoll
Alles an dir ist gut
Nur dich hat Gott so gemacht
In seiner Liebe
Einzigartig
Liebenswert

David

Du bist vollkommen
Auch wenn du an dir zweifelst
Vergiss' nicht, Gott hat dich gemacht
In seinen Armen sei geborgen
Durch ihn sei stark

Dennis

Dennoch
Er bleibt bei dir
Nach allem Ärger
Niemals lässt Gott dich los
In seine Hand kannst fallen
Sanft umhüllt sie dich

Diego

Dankbar
In Gott geborgen
Ewig
Getragen
Offen für sein Wort

Dieter

Denkst du denn, du hast das Sagen?
Im Leben nicht
Es gibt nur Einen, der das Sagen hat
Trau auf Gott
Er hilft dir in der Not
Reißt dich aus dem tiefsten Tal

Dirk

Du bist gemeint
In der Ferne ruft er dich
Rechten Weg will er dir weisen
Komm', sag' doch ja zu ihm

Dorothee

Dennoch bleibst du bei mir, Herr
Obwohl ich immer wieder Fehler mache
Reichst du mir die Hand
Ohne zu fragen
Tagtäglich umhüllt mich deine Liebe
Hältst mich fest
Ehrfurchtsvoll schaue ich
Ewig willst du bei mir sein

Edita

Ein Kind Gottes darfst du sein
Durch seine große Gnade
In seinen Händen hält er dich
Tausendmal geborgen
Auf Gott, den Herrn, verlasse dich

Edith

Einsam, traurig, allein
Das brauchst du nicht sein
In seinen Händen will Gott dich halten
Treu dir zur Seite stehen
Helfend dir die Hand reichen

Elisabeth

Ein Freund will er dir sein
Lässt du ihn in dein Herz hinein?
In einer Weise
So, wie du es nicht kennst
Aufmerksam beobachtet er dich
Bist du bereit?
Ein Freund will er dir sein
Teste es aus
Hier, seine Hand streckt er dir entgegen

Esther

Ein Anker in der Not
Steuer hält Jesus fest im Wellengang
Treibst du nur umher
Hält er dich
Er steuert auf das rechte Ziel
Reich Gottes, dort möchte er dich haben

Eva

Einfach unwahrscheinlich
Vor Gottes Thron darfst du stehen
Auf ihn bauen

Erika

Ehrlich
Reichen dir deine Sorgen nicht?
In seine Arme kannst du sie werfen
Komm´, trau dich doch
Alle Sorgen will Gott dir nehmen

Fabio

Füllen will Gott deine Hände
Alle Liebe dir geben
Betend stehst du vor ihm
In seiner Hand hält er dich
Ohne wenn und aber

Felix

Freude Gottes über alles
Ewig soll sie dir wären
Liebe dich umgeben
Immerfort
X-mal gesegnet

Frank

Friede sei mit dir
Reichen Segen gebe ich
Alle deine Sorgen kannst du mir geben
Niemals lass' ich dich allein
Komm' ich lade dich ein

Fritz

Friede sei mit dir
Rechten Weg will Gott dir weisen
In seinen Armen darfst du geborgen sein
Trau dich, schlaf ruhig ein
Zur rechten Zeit wird er dich wecken

Gabriele

Geh unter seiner Gnade
Alleine sollst du nicht sein
Begreifst du es nicht?
Reichen Segen will er dir geben
Immerzu
Er ist auch für dich gestorben
Lasst uns ihn anbeten
Ehre sei Gott in der Höhe

Gertrud

Geh mit Gott deinen Weg
Einsam brauchst du nicht mehr sein
Rechten Weg nur gehen
Träume sind dir gegeben
Reicht sein Segen dir nicht?
Und wenn du nicht mehr weiter weißt
Den Herrn kannst du immer fragen

Gesa

Gnade um Gnade
Er hat sie dir geschenkt
Sei gewiss
Alles hat Gott dir gegeben

Gina

Gnade Gottes umfängt dich
Immerzu
Niemals lässt er dich los
Auf ihn kannst du bauen

Günther

Geliebt von Gott
Über alle Maßen
Nie lässt er dich allein
Treu steht er dir zur Seite
Heißgeliebt bist du
Ein Freund will er sein
Reichen Segen dir schenken

Hannelore

Humor kennzeichnet deinen Weg
Alles was du weißt
Nimm an
Niemand weiß es besser als Gott.
Ein Ruf erschallt
Lass′ ihn nicht warten
Oder du verpasst das Beste
Richtig
Eine Ewigkeit mit Gott

Hans

Hast du Gottes Ruf vernommen?
Antworte ihm doch.
Nicht für immer wartet er auf dich.
Siehe, er will dein Freund sein

Heike

Hebe deine Augen auf zu ihm
Er hält dir seine Hand hin
Ist immer für dich da
Komm' zu ihm
Er bleibt dir treu und hilft

Heinz

Himmel und Erde werden sich drehen
Einfach anders herum
In seinen Händen wirst du getragen
Nirgends bist du sicherer als dort
Zahlreiche Engel erwarten dich

Helmuth

Hast du es schon gehört?
Er ist auch für dich gekommen
Lasten und Sorgen hast du getragen
Müde bist du nun
Unermüdlich
Trau auf den Herrn
Hilfreich nimmt er deine Last entgegen

Henni

Hast du dich verirrt?
Einer hilft dir aus dem Irrgarten
Nimm seine Hand
Nur er weiß den Weg
In Gott darfst du geborgen sein

Horst

Halte dich fest an Gott
Ohne ihn, bist du einsam
Reich an Segen, dir gegeben
Sei getrost
Treu steht er dir zur Seite

Inge

Ist es wahr?
Nun ist er da
Gemeinschaft hält er auch mit dir
Erlöser und Herr

Ingeborg

In Gottes Händen bist du geborgen
Niemand kann dich ihm entreißen
Gnade ist dir gegeben
Ein Segen dazu
Betend liegst du auf den Knien
Oft wusstest du nicht wohin mit deiner
Not
Rechten Weg mit Gott hast du
eingeschlagen
Gib' es anderen weiter

Ingrid

In seinen Armen hält er dich
Niemals lässt er dich fallen
Gnadenreich wirst du umarmt
Reich beschenkt bist du
Immer wacht er über dich
Du bist ihm wichtig

Irene

Immer ist Gott für dich da
Reichen Segen erhältst du
Ein Freund bleibt er
Nimmt tröstend seine Hand
Er ebnet dir den Weg

Jane

„JA" sagt er zu dir
Alle Not kannst du ihm geben
Niemals lässt er dich allein
Ein Freund für immer will er sein

Jo

JA sag' ich zu dir
Ohne das du etwas für mich tun musst

Joachim

Ja, er will dich
Ohne wenn und aber
Alle deine Sorgen gib′ ab
Christus nimmt sie an.
Hör′ auf dich zu sorgen,
Ihm gebe alles ab.
Meisterhaft führt er dich an seiner Hand

Jochen

Ja, sag' doch ja zu ihm
Ohne Einwände
Chancen hast du noch
Herrlichkeit Gottes darfst du sehen
Eine Hand will er dir reichen
Nimm ihn doch an

Jonathan

Jesus ist bei dir
Ohne, dass du es merkst
Niemand ist dir ein besserer Freund
Allen Segen gibt er
Treue hält er
Hilfe kommt von ihm
Auf seiner Hand wirst du getragen
Nun kannst du ruhig sein

Julia

JA,
Unfassbar ein JA von Gott
Lebendiger Herr
In dir sehe ich mich
Augen werden immer größer

Jürgen

Ja, sage ich zu dir
Überwältigt bin ich von dir
Reichen Segen schenkst du mir
Gnade um Gnade gibst du mir
Eines wünsche ich mir
Niemals lasse mich allein, mein Herr

Karin

Komm, alles ist bereit
Auf dem Tisch die Kerzen brennen schon
Reiche Gott deine Hand
In seinem Reich hat er eine Wohnung frei
Nur für dich

Karsten

Komm' zu ihm
Alles, was dich bedrückt
Reich es ihm
Seine Hände trösten dich
Tiefen Frieden gibt er
Ein Freund will er dir sein
Nimm Gottes Hand nur an

Karl

Karriere? Nicht wichtig!
Anderes ist richtig
Rechten Weg zu gehen
Lust am Leben weitergeben

Kerstin

Kaum zu glauben
Einmalig bist du
Reich an Gaben
Setze sie gewissenhaft ein
Tag um Tag
In Gottes Hand wirst du gehalten
Nie bist du allein

Lea Malin

Lass' dich umfangen
Eine große Liebe gibt er dir
Auch du bist geborgen
Mach' die Tür auf
Auch ein Fenster noch dazu
Lass' Gott in dein Leben
Immerzu
Nur auf dich hat er gewartet

Lena

Lebe auf,
Eine Chance hast du noch
Nimm sie an
Auf dich wartet der Herr

Lukas

Lebendiges Wasser
Unendliche Weite
Kompass des Lebens
All das ist der Herr
Siehst du es?

Maite

Meinst du nicht, der Herr segnet dich?
Auch, wenn du es nicht weißt
Immer ist er bei dir
Treu steht er dir zur Seite
Einsam sollst du niemals sein

Maren

Miteinander gehen
Alles für ihn geben
Reich die Hand auch deinem Feinde
ER, der Herr, steht dir zur Seite
Nie sollst du ohne Hilfe sein

Margaretha

Machtvoll umgeben
Auf all seinen Wegen
Reicher Segen
Gnade gegeben
Auf all seinen Wegen
Richtigen Weg gehen
Einen Segen empfangen
Treue halten
Hoffnung haben
Auf Gottes Wegen

Maria

Majestätisch ist der Herr
Allmächtig
Ruhmreich
In Ewigkeit
Amen

Markus

Machtvoll ist der Herr
Alles kann er dir geben
Reichen Segen
Kummer und Sorgen will er dir nehmen
Unermüdlich
Seite an Seite mit dir gehen

Martin

Malerisch bist du gebildet
Alle Gaben, die du brauchst, hat er dir gegeben

Reich beschenkt bist du
Trau auf Gott
In deinem Leben
Nun kannst du in ihm ruhig sein

Michael

Morgenröte geht auf
In seiner Herrlichkeit
Christus ist da
Herr über alles
Abendrot erscheint
Ewigkeit ist nicht mehr weit
Lange brauchst du nicht mehr zu warten

Michaela

Mutig triffst du jede Entscheidung
Immer wieder ohne ihn
Christus wartet auf dich
Hoffnung
Angst?
Eines brauchst du nur zu wissen,
Liebevoll will er dich umarmen,
Alle Ängste dir nehmen

Milena

Mühsam und einsam ist dein Weg?
In Gottes Hand wirst du gehalten
Lässt dich nicht fallen
Erbarmen hat er für dich
Nie lässt er dich allein
Alle Sorgen nimmt er dir ab

Mirsada
(jetzt ist mir Frieden gegeben)

Mit Liebe umgibt er dich
In seiner Hand hält er dich
Richtet dich auf, wenn du am Boden liegst
Segen schenkt Gott dir
Alle Sorgen wird er dir nehmen
Denn er ist auch für dich gestorben
Amen

Monika

Mögest du gesegnet sein
Ohne, dass die Last dir zu schwer
Niemals sie dich dich erdrückt
Immerzu
Kraft haben
An jedem neuen Tag

Noelia

Nie allein
Ohne Freund
Eine Gnade schenkt Gott
Liebevoll umarmt er dich
In seiner Hand hält er dich fest
Als Anker in der Not

Nora

Nie bist du allein
Ohnmächtig bist du nicht
Rechten Weg zeigt dir Gott
Auch Hoffnung will er dir geben

Pascale

Perfekt willst du sein?
Aber nicht doch
Sei einfach sein Kind
Chancen gibt der Herr dir noch
Alles will er für dich sein
Liebe hält er für dich bereit
Einsamkeit ist nun vorbei

Patricia

Prima, dass es dich gibt
Auf dich haben wir gewartet
Tatkräftig bist du
Ratschläge kommen auch gut an
In deiner Gegenwart fühlt man sich wohl
Charme versprühst du
In dir leuchtet ein Licht
Auch dich hat Gott erschaffen

Peter

Phantastisch
Einmalig bist du
Träume Gottes
Ein Traum von ihm bist du
Richtig, nur du

Philipp

Preise den Herrn
Halte dich an ihm fest
Immerdar
Lass' dich fallen
In seinen Händen bist du sicher
Perfekt zu sein brauchst du nicht
Probier es aus, in seiner Hand

Rainer

Rechne mit ihm
Auch wenn du denkst, es gibt ihn nicht
In der Not will er da sein
Nicht dich alleine lassen
Er wartet auf dich
Rechne mit Gott

Ralf

Reichen dir Gottes Spuren nicht?
Auf ihnen kannst du sicher gehen
Legt dir Steine unter die Füße
Für einen festen Weg

Raphaela

Ruhm und Ehre
Auf Gottes Thron
Posaunen erschallen
Hör' sie doch
Alle erzählen von seiner Ehre
Ein Lied erklingt
Lobet den Herrn
Auf,lass'es uns singen

Rolf

Rastlos
Ohne Ruh´
Laufen ohne Ende
Finde bei Gott die Ruhe

Rosario

Reich gesegnet sollst du sein
Oft hast du gedacht
So alleine bist du
Aber der Herr ist immer bei dir
Richtet auf
In der Not
Ohne ihn ist es einsam

Ruben

Ruhm und Ehre bei Menschen
Unten durch
Barmherzigkeit
Erfüllt von Gottes Liebe
Nie hat dich jemand so beschenkt, wie er

Sabine

Sanft hält er dich in seinen Armen
Alle seine Liebe umhüllt dich
Behütet bist du
In seiner Hand
Nun kannst du zur Ruhe kommen
Er, dein Gott, ist bei dir

Sandra

Sanft berührt
Auch gespürt
Nun in Gottes Arme fallen
Denn er fängt dich auf
Richtet auch auf
Auf seinem Schoß darfst du sein

Silvia

Sanft umfängt er dich
Ist für dich da
Liebevoll hält er dich fest
Vollkommen umgibt er dich
In allen Lebenslagen
Alles, was du brauchst, ist „ER"

Simon

Sei mein Stern am Himmelszelt
In dieser großen, weiten Welt
Mühsam quäl ich mich, ein Licht zu sein
Ohne Hilfe schaffe ich es nicht
Nur dich, Herr, brauche ich

Sonja

Sonne strahlt dir ins Gesicht
Ohne, dass sie dich verbrennt
Nun bist du da
Jesus, mein Freund
Alle Strahlen kommen von dir

Stefanie

Symphonie erklingt
Trompeten erschallen
Ein Orchester spielt
Für dich allein
Atemlos hörst du zu
Nur für dich
Im Himmel
Eine Symphonie

Stephan

Sanft berührt er dich
Treu steht er dir zur Seite
Ermutigt wirst du
Phantasievoll aufgebaut
Hörst du ihn?
Auch dich ruft er
Niemals bist du allein

Susanne

Schau in die Ferne
Und finde ihn
Siehe, er kommt auf dich zu
Alles, was du brauchst, gibt er dir
Nie lässt er dich im Stich
Niemals allein
Ein Freund wird er immer für dich sein

Theresa

Triumphierend
Hält Gott dich
Einzigartig hat er dich gemacht
Reich an Gaben dich beschenkt
Ein Leben dir gegeben
Sicher und gut
Auch, wenn dunkle Wolken drohen

Thomas

Trau dich
Habe Mut
Oder willst du nicht?
Möglichkeiten gibt Gott dir
Auch neuen Weg zu finden
Schenkt Segen, Gnade, Liebe

Timon

Tatkräftig steht er zu dir
Ist immer für dich da
Meinst du auch, es geht nicht mehr
Oder Freunde haben dich verlassen
Nie lässt der Herr dich allein

Tobias

Treu steht er dir zur Seite
Ohne, dass du ihn fragen musst
Besonderes bist du für ihn
In seiner Herrlichkeit wartet er
Auf dich
Seinen Schatz, wertvoll und gut

Udo

Unentwegt steht er zu dir
Den Segen schenkt er dir
Ohne, dass du fragen musst

Ulf

Unfassbar!
Liebe Gottes umgibt dich
Fühlst du es?

Ulrich

Unter uns ist er
Leise, still und sanft
Rührt uns an
In unseren Herzen
Christus, unser Herr
Hoffnung der Welt

Ursula

Unermüdlich bist du
Rechten Weg willst du gehen
Sehnsuchtsvoll schaust du zu ihm
Unermüdlich bist du
Lass' ab von dem Marthawesen
Auf Gott sollst du schauen

Wilfried

Wirklich, es ist wahr
In seiner Hand bist du geborgen
Liebevoll
Freude schenkt er dir
Reichen Segen noch dazu
Immer wieder ruft er dich
Ein Echo ist das nicht
Du bist gemeint

Willi

Während du schliefst
Ist er zu dir gekommen
Liebevoll und zärtlich
Leicht hast du es Gott nicht gemacht
Immer aber ist er für dich da

Ich heiße Dagmar Kelm, bin am
11.05.1956 in Remscheid geboren, habe
drei erwachsene Kinder und bin Witwe.

Zu Gott habe ich im Alter von 16 Jahren
gefunden und seitdem in ihm einen
großen Halt erhalten, gerade in Krankheit
und Tod meines Mannes.

Ich habe auch in meinen schwersten
Zeiten großen Trost und Zuspruch von
Gott bekommen. Manches Mal habe ich
es noch nicht einmal sofort bemerkt,
sondern erst viel später.